AF357863

FUNÉRAILLES

FRANÇOIS SAUDEMONT

NÉGOCIANT

ADMINISTRATEUR DE LA COMPAGNIE DU CHEMIN
DE FER D'ACHIET A BAPAUME,

ADMINISTRATEUR DE LA CAISSE D'EPARGNE,

DÉCÉDÉ A BAPAUME

LE SAMEDI 23 JUIN 1888, DANS SA VINGT-HUITIÈME ANNÉE

BAPAUME

IMPRIMERIE D'ALEXANDRE DUVAL

—

1888

FUNÉRAILLES

DE MONSIEUR

FRANÇOIS SAUDEMONT

Mardi dernier ont eu lieu à Bapaume les obsèques de M. François Saudemont, dont la mort avait jeté la ville entière dans une véritable consternation.

C'était une manifestation de plus de 3,000 personnes, pleine de sympathie pour son honorable famille, derrière laquelle se pressaient ses nombreux et dévoués amis accourus de tous les points des départements du Nord et du Pas-de-Calais.

Le cercueil disparaissait sous des couronnes et des croix de fleurs ; il était porté par les ouvriers de l'usine et semblait s'avancer triomphalement à travers les rues de la ville que bordait la foule qui se découvrait pieusement et s'agenouillait sur son passage.

C'était un véritable deuil public, et jamais peut-être à Bapaume nous n'avions été le témoin d'un spectacle plus émouvant.

Les coins du poêle étaient tenus par MM. A. Lagnier et François, représentant le conseil de la Caisse d'épargne, et par MM. Augustin Goubet et Ed. Grardel, tous deux administrateurs du chemin de fer d'Achiet à Marcoing, et collègues à ce titre du regretté défunt.

Dans ce long cortège silencieux, nous avons reconnu MM. le marquis d'Havrincourt, sénateur, Deusy, Godefroy, Mathieu, Trannin, conseillers généraux, et tous les notables du pays.

Au cimetière, MM. Deusy et Grardel ont pris successivement la parole.

DISCOURS DE M. DEUSY.

Messieurs,

La ville et le canton de Bapaume viennent de faire une perte cruelle.

Cette foule immense qui nous entoure, ces larmes que je vois couler, ces sanglots que j'entends l'attestent éloquemment. François Saudemont laisse après lui un grand vide, un vide qui ne sera pas comblé !

Hier encore il était là, plein de vie, en pleine activité, en plein bonheur. Aujourd'hui il n'est plus. Un véritable coup de foudre l'emporte à 28 ans, dans la force de l'âge, dans la joie du succès, au moment où il achevait de tracer son sillon au soleil, et, coïncidence navrante, nous lui rendons les derniers devoirs au jour anniversaire d'un mariage qui avait assuré son bonheur !

N'est-ce pas lamentable, Messieurs, et qui pourrait rester indifférent en présence de cette tombe ?

Mais les larmes ne suffisent pas à l'expression de nos regrets. Saudemont a droit à d'autres adieux. Les exemples qu'il nous laisse, les services qu'il a rendus veulent un plus solennel hommage.

C'est bien là votre sentiment, n'est-ce pas, Messieurs, vous tous qui l'avez connu, qui l'avez aimé !

Issu d'une de ces fortes races agricoles de l'Artois où l'honneur et la probité sont héréditaires, où la volonté ne connaît pas d'obstacles, Saudemont ne pouvait mentir à son origine. Il y a des noms qui obligent. J'ai connu, moi qui vous parle, la plupart de ceux qui ont porté ce nom honorable avant lui; j'ai vécu de leur vie, et, séparé par les circonstances, je les ai toujours retrouvés les mêmes : les amis de la première heure, les amis Saudemont.

Eh bien, ce nom qu'il portait avec un légitime orgueil, non-seulement il s'en montrera digne, mais il l'honorera, il le relèvera encore dans l'estime publique.

Sorti de la Providence, d'Amiens, après de brillantes et fortes études, il tiendra largement dans l'avenir les promesses de ses heureux débuts.

Et d'abord il comprend et remplit avec une tendresse touchante et un dévouement absolu ses devoirs de fils et de frère.

Mais ce n'est pas assez. Il lui faut une carrière à la hauteur de son intelligence et de son activité.

Il y avait à Bapaume un établissement industriel considérable : la scierie. C'était l'œuvre d'un homme de bien que nous estimons tous et qui avait ainsi doté sa ville natale d'une source de prospérité. Il fallait de fortes épaules pour porter ce fardeau. Saudemont se présente, acquiert l'usine, et en quelques années la transforme et l'augmente encore. Ce n'est pas assez. Avec le concours intelligent et dévoué de son frère Norbert, il joint au commerce de bois une nouvelle industrie : la vente des foins et pailles comprimés pour l'exportation. C'était une importante ressource pour l'agriculture locale, un avantage exceptionnel pour notre canton.

Ne l'oubliez pas, Messieurs, au milieu de cette crise économique sans précédent, vous avez vu, grâce à Saudemont, l'or étranger, l'or anglais arriver à Bapaume, et se répandre dans vos communes, contrairement à ce qui se passe partout ailleurs !

Ce n'était pas encore assez. François Saudemont voulut compléter son entreprise industrielle et assurer du travail l'hiver à son nombreux personnel par la création d'une distillerie.

Comment exprimer, Messieurs, le sentiment qu'on éprouve en voyant aujourd'hui ces constructions inachevées, ce grand corps qu'il laisse sans âme et qu'il ne verra pas fonctionner ???

Vous dirai-je maintenant la perte que font en lui les ouvriers de Bapaume, ces travailleurs qu'il aimait tant, pour lesquels il s'ingéniait à trouver de l'ouvrage ? Toujours au milieu d'eux, partageant leurs rudes labeurs, les encourageant de son exemple et de sa parole, veillant sur eux et sur leurs familles !

Ils sont là, leur attitude, leurs larmes témoignent tous leurs regrets. (Interruptions approbatives).

Faut-il vous rappeler cet événement qui impressionna si vivement, il y a cinq ans, la ville de Bapaume ?

Un ouvrier est saisi par les courroies de la machine. Il se débat en péril de mort. Qui va le sauver ?

François Saudemont s'élance : par un prodige d'énergie et de sang-froid, il le dégage, mais il se retire lui-même mutilé !

Il avait tous les courages, tous les dévouements.

Il méritait le bonheur… et il l'avait trouvé.

Il l'avait trouvé là où il le cherchait : dans la famille et dans le travail. Il avait épousé la femme de son choix et il l'adorait : un enfant lui était né… un fils ! Il avait trouvé sur son chemin laborieux ce que, dans sa modestie, il ne cherchait même pas : une belle renommée et la reconnaissance publique !

Si j'osais parler de consolation en présence d'un si grand deuil, c'est là que j'en verrais un élément pour ces deux familles honorables si cruellement frappées.

La mort est venue le surprendre au milieu de cette prospérité, de cette félicité.

Mais quand on a vécu ainsi, on ne meurt pas tout entier. Saudemont nous laisse un grand souvenir et un grand exemple.

Dans un de mes voyages je rencontrai un jour une tombe où il n'y avait que quatre mots et un nom : « *Sta, viator et luge.* (Marcello). — Arrête-toi passant, et pleure ! » C'était la tombe élevée par sa jeune veuve à un vaillant soldat mort glorieusement pour la patrie.

Saudemont mérite le même hommage. Lui aussi est mort sur un champ de bataille : sur le champ de bataille de l'industrie française qui lutte héroïquement contre le travail étranger, car il faut de l'héroïsme pour lutter sur ce terrain, depuis que les traités de commerce ont été transformés en machines de guerre par nos plus implacables ennemis.

Voilà pourquoi, Messieurs, je suis venu m'incliner avec vous devant cette tombe, et dire ce dernier adieu à François Saudemont, au nom de la ville et du canton de Bapaume.

DISCOURS DE M. GRARDEL.

Messieurs,

Celui que nous pleurons aujourd'hui débarquait, il y a huit ans, à Bapaume. J'allais seul à sa rencontre, il me paraissait plein de santé, actif, intelligent, et je connaissais son cœur.

On avait parlé d'une grande usine à céder, nous la visitions ensemble ; quelques semaines après, François Saudemont s'en rendait acquéreur.

A cette heure, en face de ce cercueil qui renferme les restes de notre ami, le souvenir de cette première visite se dresse vivant en mon esprit ; et c'est le cœur navré, que je viens lui dire le dernier adieu, après l'avoir salué le premier à son arrivée au milieu de nous.

Depuis lors, Messieurs, vous avez apprécié les qualités de Saudemont ; la générosité dont il faisait preuve ; son empressement, son véritable bonheur à rendre service ; la simplicité qu'il y mettait ; sa modestie en toutes choses et la gaieté de son caractère ; toujours égal, la gaieté, apanage des âmes franches et loyales !

Ah ! comme il était heureux de nous recevoir ; et quelle n'était pas aussi notre joie, quand nous pouvions rendre visite à cet ami, si vrai, si dévoué, si affable, de la bouche duquel nous n'avons entendu sortir que de bienveillantes paroles.

Il aimait ses amis et savait le leur prouver, malgré les affaires multiples commerciales, dans lesquelles il s'était jeté avec ardeur, et qui ont peut-être été la cause de sa mort.

Car il est permis de le supposer, c'est le surmenage intellectuel qui l'a terrassé, et comme ces lames d'acier fortement trempées qui usent leur fourreau, son esprit continuellement en travail, mû par une activité fébrile, a ruiné son corps.

Aujourd'hui qu'il n'est plus, ses œuvres restent, heureusement pour Bapaume qui en a profité ; pour cette Compagnie de chemin de fer dont il était l'un des plus zélés administrateurs et pour ses nombreux et braves ouvriers, que je voyais en revanche si dévoués au service de leur bien-aimé patron. Ses œuvres restent et cette vaste construction encore inachevée, désolée et déserte, le dernier de ses projets, qu'il allait faire exécuter, paraît s'élever, au milieu de son chantier, comme son monument funèbre.

Nous pleurons François Saudemont ; mais que l'affection que nous lui portions, que le spectacle de cette foule d'amis accourus pour lui faire cortège, soit un allégement aux douleurs de son honorable famille ; de sa jeune femme qu'il épousait au milieu de tant d'allégresses, il y a juste deux ans aujourd'hui ; de son frère Norbert qu'il laisse seul maintenant, à la tête de cette grande exploitation , qu'ensemble ils ont créée, et de vous tous, messieurs, ses plus proches, qui sentez comme une blessure au cœur en présence de cette tombe béante , au fond de laquelle vont s'enfouir tant d'espérances.

Devant ce coup brutal de la mort, ne nous laissons pas cependant davantage énerver par la douleur, mais puisons dans la foi, celle de François Saudemont, la force de supporter ce malheur.

Par delà ce cercueil, derrière lequel a disparu pour toujours la face de notre bon ami, par delà la nuit qui l'enveloppe, une vive lueur d'espérance chrétienne luit... Oui, nous te retrouverons, cher François, un jour auprès de Dieu.

Après ce double hommage rendu à une mémoire qui restera toujours chère à Bapaume, la foule s'est écoulée lentement pénétrée d'une douleur profonde.